L_K^8 213

AF227401

L_K^8 213

1312

NOTE

TRADUITE DE L'ARABE

ADRESSÉE

PAR LES PRINCIPAUX HABITANS D'ALGER;

PRÉCÉDÉE

D'UN AVANT-PROPOS

PAR

LE Dr BARRACHIN,

EX SOUS-INTENDANT CIVIL D'ORAN.

BIBLIOTHÈQUE ROYALE
1

PARIS

IMPRIMERIE DE HENRI DUPUY,

RUE DE LA MONNAIE, 11.

—

1833

AVANT-PROPOS.

Mon Discours préliminaire exposant les considérations qui doivent servir de bases au système administratif propre à la Régence, était imprimé et envoyé aux personnages qui tiennent les rênes du gouvernement, lorsqu'une note rédigée par les principaux habitans d'Alger m'est arrivée.

L'esprit de cette Note; les calamités dont ces Africains se plaignent; les renseignemens qu'ils donnent; les désirs, les espérances qu'ils expriment; l'attachement qu'ils témoignent pour nos institutions; la participation et les services qu'ils ont rendus et qu'ils offrent encore; l'utilité bien réelle d'approfondir dans ce moment tout ce qui se rattache à la question de la colonisation, tout m'a fait un devoir de mettre immédiatement sous presse et de livrer ces documens à la méditation des hommes du gouvernement et à la critique judicieuse du public.

Quelques personnes peut-être douteront de l'authenticité de cet écrit. Je dois déclarer ici qu'il m'a été réellement transmis de la part des principaux habitans d'Alger. Je m'en suis d'autant plus volontiers rendu éditeur, que tout ce qu'il exprime est entièrement conforme à mes convictions, et que je ne doute pas que si l'état de la colonie était décidé de manière à mettre les auteurs de cette Note à l'abri des persécutions qu'ils ont raison de craindre, cette pièce ne fût immédiatement couverte des signatures de tous ceux qui n'ont point un intérêt *positif et connu* à une restauration.

Je ne désavoue point que j'aie assisté à sa traduction, que je sois pour quelque chose dans la rédaction; mais le fait réel, incontestable, c'est que ceci est fort peu de chose, et que la Note entière est l'expression des idées des gens de ce pays.

Pour fixer davantage l'opinion publique sur les vues et les désirs des habitans d'Alger, j'ai cru devoir reproduire à la suite de cet écrit la pétition que ces Africains avaient adressée à la Chambre des députés et qui est arrivée trop tard pour obtenir les honneurs du rapport.

Je ne terminerai point cet avant-propos sans parler d'une brochure publiée par M. Flandin, sous-intendant militaire, et qui a été également mise à la connaissance du public depuis que j'ai terminé mon Discours préliminaire.

Cette brochure est une de celles qui méritent le plus une réfutation immédiate, car sur un certain point j'en trouve les opinions d'une antinationalité que je ne sais pas comment on peut se décider à écrire pour donner des avis semblables, surtout quand une meilleure connaissance des hommes et des choses doit si indubitablement modifier les opinions émises par cet écrivain.

Toute la brochure de M. Flandin porte sur ces deux faits :

L'abandon de la colonie à une compagnie européenne qui serait souveraine.

L'occupation de Constantine et la description des opérations nécessaires pour cette occupation.

Il ne faut, comme je viens de le dire, qu'un peu de patriotisme et une meilleure connaissance des choses pour réfuter les opinions émises sur ces deux questions. Pour la première, M. Flandin dit : « Il suit de ce qui précède, que le meilleur mode de colonisation, de civilisation de la Régence d'Alger, serait de la céder à une grande compagnie que je nommerais *européenne*, parce qu'elle devrait être reconnue, protégée, en temps de paix comme en temps de guerre, par toutes les puissances d'Europe que notre expédition de 1830 a affranchies gratuitement pour elles, jusqu'à ce jour, de la piraterie qui a si long-temps opprimé leur commerce. »

« Cette compagnie, à la formation de laquelle

les notabilités commerciales de l'Europe s'em-
presseraient sans doute de concourir et qui serait
dans un état constant de neutralité, recevrait la
propriété gouvernementale de la Régence d'Alger à titre onéreux, sous la condition de payer
à la France, à partir d'une époque qui serait
fixée, une redevance annuelle pour laquelle elle
donnerait, outre l'hypothèque légale sur le ter-
ritoire cédé, une garantie suffisante. »

« Et comme cette compagnie ne pourrait pas
improviser de suite la flotte ni l'armée dont elle
aurait besoin pour sa défense, la France lui four-
nirait l'une et l'autre pendant le nombre d'années
qui seraient jugées nécessaire, à la charge par
cette compagnie de lui rembourser, à des époques
reculées, la partie de la dépense extraordinaire
que leur entretien occasionerait. »

Ce serait, comme on voit, pour la France, qui
ferait les frais (la France qui paierait), ce serait
la colonisation, moins les avantages politiques qui
sont quelque chose, quoique M. Flandin ne les
ait pas aperçus. Mais cet auteur vous observera
que ces frais, à *des époques reculées*, seront rem-
boursés à la France, qui dans ce cas n'aurait fait
que des avances dont on lui paierait même les intérêts. Mais si je vous prouve qu'un système ad-

ministratif comme celui que j'indiquerai vous produira plus que cette compagnie ne pourrait vous donner, vous restez donc encore avec vos avantages politiques qui résultent d'une possession indépendante des autres nations.

Je ne vois, faut-il le dire ! dans ce que propose là M. Flandin qu'un moyen peu honorable de satisfaire aux prétendues promesses qu'il croirait faites aux puissances, ou à certaine puissance. Je devais m'inscrire contre une pareille proposition, et je suis persuadé que l'opinion de M. Flandin aura peu de retentissement en France.

Deux mots vont répondre à tous les détails que donne ce sous-intendant militaire pour l'expédition de Constantine. Dépensez, comme je vous l'indiquerai, l'argent que vous destinez à cette expédition, vous aurez Constantine non-seulement sans coup férir, mais encore vous aurez une ville amie où vous vous maintiendrez, tandis que vous ne le pourrez si vous agissez autrement. Voyez Oran aujourd'hui. Si cette ville n'était pas sur les bords de la mer, que deviendraient les Francais qui s'y trouvent ? Comment les approvisionner ? par des armées continuellement en marche, et faisant la chaîne sur la route ! Beau moyen !

Je déclare de plus que l'expédition de Constantine ne doit pas être entreprise, que nulle raison ne la justifierait, quant à présent, parce qu'il faut commencer à faire voir à Alger, à Bone et à Oran, que nous avons l'intention de bien faire; et, plus tard, quand on aura montré cela, elle ne sera plus nécessaire.

— L'expédition de Constantine, dans l'état actuel des choses, ne peut manquer d'être honteusement funeste, et de compromettre pour toujours le succès de la colonie.

Je déclare de plus que, dans ce même état actuel des choses, le seul moyen de rétablir la confiance dans le pays n'est pas seulement d'y envoyer des hommes qui aient le désir de coloniser, mais des hommes qui aient la confiance des indigènes, et je dis que le général Berthezène est le seul qui puisse y parvenir. Voici pourquoi:

Les Arabes, ou pour mieux dire les Musulmans, avant d'agir, cherchent toujours à comprendre la fin des choses; ils raisonnent enfin, et se disent: « Si » l'on avait de bonnes intentions pour nous, on » nous enverrait un bon chef, un honnête homme, » un homme humain, généreux, un homme qui » nous aime. Puisque l'on nous a retiré celui qui » faisait le bien, c'est que l'on n'a pas de bonnes » intentions pour nous. Si ces intentions étaient

» changées, pourquoi ne pas nous renvoyer le
» même, puisqu'il n'est pas mort, etc. » De là défiance, éloignement, guerre enfin.

Un autre général peut entrer dans les mêmes
erremens que le général Berthezène, avoir les
mêmes qualités que lui, je n'en disconviens pas;
celui que le bruit public désigne offre sans doute
toutes les garanties désirables; mais il faut qu'il se
fasse une réputation aux yeux des Arabes : c'est du
temps perdu, et le temps, c'est la mort ou la vie
de la colonie.

On verra, dans l'écrit dont je publie la traduction,
la position d'Oran après la capitulation d'Alger.

Voici ce qu'elle était sous le général Danremont,
et ensuite sous le colonel Lefol, comme je le disais
dans une note que j'ai adressée au ministère en ar-
rivant à Paris :

« Avant l'arrivée du général Boyer, les murs et
» les fossés d'Oran n'étaient point réparés : c'étaient
» des brèches partout; beaucoup de maisons mau-
» res, juives et turques avaient des issues dans les
» fossés et pouvaient favoriser une invasion. La
» garnison d'Oran ne se composait que de douze
» cents hommes fatigués de service, et cependant
» il n'y eut jamais d'attaque sérieuse. Les Arabes,
» en caravanes nombreuses, venaient en ville ; il

» y avait abondance de tout : la douane faisait des
» recettes considérables, même sur les exportations
» des blés : la douane a fait, dans le mois qui a
» précédé l'arrivée du général Boyer, 14,656 fr.
» 36 c. Le mois suivant, elle n'a fait que 3000 fr. ; elle
» est tombée à 1,400 fr., enfin à 34 fr.

« Depuis, le génie militaire a remis les fortifica-
» cations en état, et détruit des communications
» irrégulières, la ville a reçu une garnison plus
» nombreuse, des moyens de défense propres à
» tenir les habitans dans la plus graude sécurité ;
» cependant, grâce à l'administration du général
» Boyer, tout a changé de face ; les arrivages presque
» nuls ont réduit la population aux horreurs de la
» disette. Je me suis vu obligé d'autoriser l'emploi
» de farines avariées, avec lesquelles on a fait du
» pain à *douze sous la livre.* Lorsque je suis parti,
» il n'y avait à Oran ni lard, ni laitage, ni huile, ni
» beurre, ni fromage, et tout espoir de rouvrir des
» relations avec l'intérieur sera perdu, tant que le
» général Boyer conservera le commandement.
» Aussi est-on obligé de tout faire venir de France,
» même le bois de chauffage.

» Sous le général Danremont, et ensuite sous le
» colonel Lefol, un mouton coûtait trente sous, et
» le reste en proportion. »

Le général Boyer est parti: le système est resté, la position s'est aggravée.

Que l'on compare maintenant ces différentes situations avec celles d'aujourd'hui, que l'on a fait des exécutions de toute espèces, que l'on a ravagé des proriétés, brûlé des champs, massacré des populations, hommes, femmes, enfans, vieillards.

Voilà ce qu'a produit le gouvernement du sabre, un gouvernement oppresseur, antipathique à tous les intérêts civils.

Les détail contenus dans les feuilles publiques et dans les lettres particulières donnent une idée de cette fâcheuse situation.

NOTE

TRADUITE DE L'ARABE.

Sous la domination des deys d'Alger, les Maures et les Couloglis étaient exclus des grands emplois de la Régence; toute l'autorité était concentrée dans la main des Turcs.

En revanche, les habitans d'Alger jouissaient de la plus grande liberté et ne payaient aucun impôt. La loi leur accordait la même protection qu'aux Turcs, et chacun était traité suivant sa position sociale.

Les Maures ne devaient ce bien-être et cette protection qu'à leur bonne conduite et à leur amour de l'ordre. Ils ne s'occupaient que d'affaires commerciales, et les Turcs n'ont jamais conçu d'eux la moindre défiance, parce que jamais ils ne l'eveillèrent.

Les Arabes étaient traités bien différemment, parce que, ne voulant pas reconnaître le gouvernement, ce n'était que contraints par la force qu'ils s'y soumettaient.

Ils ne faisaient acte de soumission qu'en désespoir de cause et pour attendre un moment favorable pour se soulever; et leurs hostilités avec les Turcs étaient presque constantes.

Ceux-ci s'en vengeaient, dès qu'ils avaient repris leur domination, en exerçant à leur égard des cruautés atroces, en leur faisant payer d'énormes contributions et en punissant de mort la plus légère faute.

De leur côté, les Arabes ne manquaient jamais d'immoler à leur ressentiment les Turcs qui tombaient dans leurs mains.

Lss Arabes sont de leur nature fourbes et ingrats, et conservent long-temps le sentiment de la vengeance. Il est peu de tribus qui jouissent de la réputation d'être de braves gens, fidèles à leurs engagemens ; mais aussi ce petit nombre était-il traité bien différemment des autres.

Les Cabaïles habitent les montagnes et ont toujours conservé leur indépendance. Jamais les Turcs ne sont parvenus à les soumettre.

Pendant la paix, ils allaient à Alger vendre leurs produits, comme partout ailleurs ; pendant la guerre, ils ne descendaient pas de leurs montagnes.

Ils sont hospitaliers chez eux, demeurent fidèles à leur parole, et jamais ils ne livrent ceux auxquels ils ont donné asile ; ils apportent de la probité dans le commerce, quoique naturellement fort avares. Pleins de courage, ils tirent toujours vengeance d'un outrage reçu et se montrent, en pareille circonstance, féroces et sanguinaires. Le fanatisme est plus ardent chez eux que chez les Arabes. Ils sont divisés en *dechéra*, et chaque déchéra est gouvernée par un marabout dont le pouvoir est héréditaire.

La conduite des Turcs envers les Maures n'était point l'effet de leurs bonnes intentions, car ils les méprisaient comme ils méprisaient les autres peuples, mais l'effet d'une politique meilleure que celle des Français. Elle leur faisait ménager les habitans de la ville pour y dominer en paix. Par ce moyen ils se conciliaient leurs esprits et ont pu, au besoin, trouver chez eux des auxiliaires et des ressources.

Mais des affaires commerciales avaient amené plusieurs Maures en Europe. Beaucoup lisaient l'histoire de leurs ancêtres et comparaient leur état de servitude et d'abrutissement sous le joug des Turcs, aux temps où leur nation existait brillante de gloire et de prospérité ; ils appelaient de tous leurs vœux l'instant qui les délivrerait de ces barbares et qui leur ferait reprendre rang parmi les nations civilisées.

Toutefois ces désirs, quoique bien ardens, ne les portèrent jamais à la révolte ; ils attendaient une occasion qui leur fournît un moyen plus rationnel de se délivrer de leurs oppresseurs.

Leurs espérances s'éveillèrent quand la France eut déclaré la guerre au Dey ; et elles semblaient se réaliser quand ils reçurent et lurent *les proclamations qu'on leur distribuait au nom du roi de France*.

Les promesses qu'elles renfermaient pour eux et pour les autres indigènes les remplirent de joie, et ils crurent que, sous la protection de la magnanime nation française, leur bonheur était infail-

lible ; qu'ils allaient enfin jouir des institutions li-
bérales dont la France semblait vouloir donner
l'exemple aux autres nations d'Europe. Le Dey et
les Turcs, ceux qui avaient insulté le pavillon du
roi de France, et traîtreusement tiré 90 coups de
canon sur un vaisseau parlementaire, étaient les
seuls qui devaient trembler ; sur eux seuls devait
tomber la vengeance ; « c'étaient des tyrans dont
on voulait nous délivrer, et des pirates dont on
voulait purger les mers. » Ce sont eux qui ont été
le plus épargnés !

Les Maures, dès qu'ils aperçurent la flotte française et dès qu'ils apprirent le débarquement des
troupes, se félicitaient entre eux de leur prochaine
délivrance. Tout en ne se montrant point hostiles
aux Turcs, ils refusèrent de prendre les armes
contre les Français ; cette détermination fut pour
ceux-là un coup de foudre.

Aussitôt après l'explosion du fort de l'Empe-
reur, les Maures montèrent à la Casauba, et som-
mèrent le Dey d'envoyer un parlementaire auprès
du général en chef de l'armée française, pour obtenir une capitulation. Hussein-Dey y consentit
et désigna le maure Hamed-Bouderbah, auquel il
confia de pleins pouvoirs.

Celui-ci fut heureux, après avoir rempli sa mission, de faire connaître à ses compatriotes qui l'attendaient aux portes de la ville, les conditions
honorables qu'il avait obtenues pour les natifs. Il
s'empressa de soumettre la convention au Dey,

qui, après bien des difficultés et même des menaces
proférées, consentit à y apposer son sceau. Mais il
s'en repentit, et, plein de désespoir, il tenta pendant
la nuit de mettre le feu à la poudrière et de faire
ainsi sauter la ville; heureusement des précautions
avaient été prises.

Le lendemain matin le même parlementaire ap-
porta au général Bourmont la convention accep-
tée par le dey Hussein. L'article V, qui est relatif
aux habitans de la ville, est ainsi conçu :

« La liberté des habitans de toutes les classes,
» leur religion, leurs propriétés, leur commerce
» seront respectés. »

La convention fut lue à la population d'Alger, et
chacun se félicita, surtout parmi les gens instruits
qui désiraient depuis long-temps être délivrés de la
tyrannie des Turcs.

En occupant Alger avec les troupes françaises,
le général a tenu ses promesses envers les habitans. Il a aussitôt nommé et fait installer un conseil municipal, composé de notables maures, et l'a
autorisé à écrire aux cheyks et marabouts, chefs
des tribus, et à traiter avec eux pour les amener à
faire leur soumission, en leur promettant qu'ils seraient heureux avec les Français. Le général avait
bien compris que les Maures étaient les seuls inter-
médiaires possibles entre lui et les indigènes de
l'intérieur. La municipalité leur a envoyé des co-
pies de la capitulation, beaucoup d'exemplaires
des proclamations, en les exhortant à avoir confiance dans les paroles des Français.

Quand ces communications sont parvenues dans les diverses tribus, un grand nombre de leurs chefs se sont empressés de se rendre à Alger pour se soumettre. La seule condition qu'ils imposaient était que les promesses faites par les Français seraient exactement observées et que la municipalité maure serait garante de leur maintien et responsable de tout acte qui les concernerait.

Mais aucun de ses cheyks et marabouts ne voulut consentir à correspondre directement avec les autorités françaises, sous prétexte qu'ils ne connaissaient ni la langue, ni les mœurs, ni les usages, ni la politique de la France; ils voulurent avoir pour intermédiaire le corps municipal maure et lui donnèrent leur pouvoir pour les représenter auprès des fonctionnaires français.

Depuis ce moment, chaque jour apportait à la municipalité de nouvelles adhésions à la soumission, et toutes les lettres exprimaient une grande horreur pour les Turcs, de la satisfaction dans le nouvel état de choses, et des espérances qu'il ferait le bonheur de tous.

Pour étendre le bienfait de cette conciliation, le corps municipal choisit un Maure distingué et le députa vers le dey d'Oran dont on tenait beaucoup à obtenir la soumission. Le général en chef accorda un bateau à vapeur pour le transport de cet envoyé.

Dès qu'il parut à la vue d'Oran, les bords de la mer se couvrirent d'habitans, empressés d'avoir des nouvelles d'Alger. Le député leur apprit la capitulation et l'installation d'un conseil municipal maure, destiné à régler les affaires des indigènes et à leur servir d'intermédiaire auprès des Français. Il leur déclara ensuite qu'il était envoyé auprès d'eux pour remplir une mission de paix, recevoir leur soumission à la France et empêcher toute effusion de sang.

Sur cette explication, la population d'Oran saisie d'enthousiasme se précipita vers la résidence du Bey, en entraînant avec elle le député maure et exprimant, par ses cris, qu'elle ne voulait pas se battre contre les Français, puisque leurs frères d'Alger étaient satisfaits du traitement qu'on leur faisait; qu'ils voulaient aussi une municipalité qui se chargeât de leurs intérêts.

Le Bey et les soldats turcs, voyant cette disposition unanime des habitans, se déterminèrent à faire et à signer une soumission qu'ils remirent à l'envoyé de la municipalité d'Alger et que celui-ci rapporta au général en chef.

Les choses se passèrent de la même manière à Bone; non-seulement, les citoyens de cette ville se soumirent par une lettre qu'ils firent remettre à la municipalité d'Alger, mais ils lui demandèrent d'obtenir une garnison française pour leur ville.

Enfin tout allait au mieux, et l'on pouvait croire que dans six mois la Régence entière aurait reconnu l'autorité française et serait disposée à vivre paisiblement sous une domination *libérale, forte et intègre.*

Dans les premiers temps, le nom français était partout en vénération. Si l'on n'avait point fait les fautes que l'on a faites depuis, il est impossible de dire à quels heureux résultats on serait arrivé maintenant dans la fusion des intérêts communs. On peut dire hautement qu'il n'y avait plus d'obstacles à vaincre; tout ce qui restait à faire n'avait besoin que d'un peu de temps pour déterminer la confiance du peu de dissidens qui se seraient trouvés dans la Régence, et pour annihiler l'action de ceux qui avaient encore quelque intention de s'opposer au séjour des Français.

On n'a point l'intention de détailler ici combien la municipalité d'Alger a contribué à faire obtenir ces bons et heureux résultats, ni d'indiquer tous les services qu'elle a rendus; mais il n'est pas un général, un officier, un soldat de l'armée qui ne puisse rendre témoignage du zèle, du dévouement que ses membres ont montré. La conscience d'avoir tout fait pour le bien commun de leur pays et des Français est jusqu'à présent la seule récompense et la seule consolation de ceux qui la composaient; ces notables du pays gémissent seulement de voir que parmi eux il y en a qui, pour leurs bons services, n'ont trouvé que chagrins et persécutions, et qu'ils ont même couru les chances de perdre la vie sous le commandement de généraux qui, venus en dernier lieu, ont méconnu les grands services qu'ils avaient rendus dans les premiers temps de l'occupation.

Les malheurs de la colonie ont commencé avant le départ de M. le comte de Bourmont. On citera ici quelques-unes des erreurs dans lesquelles il est tombé. Il faut les attribuer uniquement, car les intentions étaient évidemment bonnes, à ce qu'il a cédé aux mauvais conseils, et ne s'était point assez défié des juifs et surtout des interprètes qui avaient suivi l'armée. C'était, à très-peu d'exceptions près, des misérables sans pudeur et sans une obole, qui ne songeaient qu'à piller et à rançonner les habitans.

La première et la principale faute fut la confirmation, dans son titre et dans ses pouvoirs, du Bey de Titeri, *Turc de naissance,* ce qui mettait les Français en opposition flagrante avec leurs proclamations, leurs promesses et même leurs engagemens, et ne pouvait qu'inspirer de la défiance sur tout le reste.

Ce fut par des juifs qu'il fit solliciter cette faveur, et il leur *paya chèrement* le succès qu'ils obtinrent par leurs intrigues auprès de l'état-major-général.

Les plus grands malheurs suivirent la confirmation de cet homme dans son emploi. La municipalité d'Alger fit en vain une protestation éclatante; un de ses membres voulut même s'en retirer, ce que le général en chef ne permit pas, sans que ces démarches aient pu empêcher cette faute grave. Il est bien certain que dans cette circonstance le général en chef a été dupe de la cupidité de quelques personnes qui l'entouraient.

Peu de jours après, les juifs, qui avaient triom-
phé et dont l'orgueil s'était accru par le succès,
firent entendre des plaintes en faveur de leurs
co-religionnaires qu'ils disaient très-maltraités dans
la ville de Bélida et victimes de leur attachement
aux Français. Ils invoquaient pour eux l'appui
de l'armée et demandaient qu'on pût les délivrer,
annonçant qu'ils viendraient tous se fixer à Alger à
la suite des troupes de secours.

La municipalité fut informée que le général en
chef, touché de ce récit, se proposait de se rendre
lui même à Bélida. Elle s'empressa de lui envoyer
une députation pour lui représenter qu'il était
dupe des artifices des juifs ; que toutes leurs
assertions étaient fausses, elle le suppliait de
différer son voyage au moins jusqu'après une entrevue que le nouvel Aga des Arabes et un mem-
bre de la municipalité devaient avoir, à deux ou
trois jours de là, avec les chefs les plus influens
des Arabes.

En effet, une réunion était convenue dans une
position à trois lieues d'Alger, et parmi les cheyks
et marabouts qui devaient s'y trouver, on comp-
tait le fameux chef Benzamoun et Bencanoun ; son
objet était d'arrêter les bases d'un traité d'amitié
et de bonne intelligence avec l'armée française.

« Si vous allez à Bélida, disait la municipalité au
général en chef, avant cette entrevue, les Arabes
se croiront trahis, et tout sera perdu. »

Les conseils salutaires ne furent point suivis. Le

général en chef se rendit à Bélida; il y trouva le plus grand ordre. Les plaintes des juifs n'étaient pas fondées. Aucun d'eux n'avait été tourmenté, et pas un n'avait abandonné cette résidence. On conçoit le funeste résultat de cette expédition. La moindre de ses conséquences fut d'avoir empêché la conférence avec les Arabes, qui devait amener la pacification du pays.

L'évacuation de Bone et d'Oran, qui eut lieu immédiatement après, par suite des événemens de juillet, jeta ces villes et leurs environs dans le plus grand effroi. Ceux qui avaient accepté et servi les Français ne surent plus que faire, que devenir; les partisans des Turcs reprirent courage et allèrent se réunir au Bey de Titeri qui déclara la guerre aux Francais et se fit proclamer Dey.

M. le général Clauzel amena à sa suite un tas de gens sans aveu et sans considération, avides de butin, et auxquels, malheureusement pour la France et pour les indigènes, il distribua des places. Ces gens se sont beaucoup compromis et ont commis bien des injustices à l'insu de ce général, qui ne surveilla pas assez leurs actes. Ils s'emparèrent des rentes de la Mecque et de Médine, des biens des pauvres, et des mosquées et de leurs revenus. Ils occasionèrent encore bien d'autres maux.

Le mécontentement fut général. Aucun point n'était indiqué dans l'avenir; chacun tira de son côté et voulut faire ses affaires aux dépens du bien public. On eut le chagrin de voir partir le général

Clauzel avant qu'il eût pu remédier à tous ces maux et donner assez d'attention à l'administration civile, pour laquelle il avait cependant déjà pris quelques bonnes dispositions; il aurait sûrement renvoyé tous les intrigans qui étaient autant de sangsues pour le pays, mais il n'avait pu pendant son séjour s'occuper que des affaires militaires. Ce général paraissait avoir de grandes vues et s'attacher beaucoup à la colonie.

Le général Berthezène, qui lui succéda, trouva une cabale organisée contre lui parmi les employés civils; sa probité, qui est passée en proverbe chez nous, ne peut se défendre des attaques de ces hommes qui ne cherchent que le désordre pour en profiter, et qui ressemblent aux voleurs qui mettent le feu dans les villes pour piller plus facilement. Le général Berthezène chercha d'abord à connaître toute l'étendue du mal, et étudia les moyens d'y remédier. Il réussit par là à gagner l'estime et l'affection non-seulement des habitans d'Alger, mais encore de ceux de l'intérieur des terres. Son nom est en vénération dans le pays. On savait que, quand il voyait les habitans malheureux, il souffrait lui-même du mal qu'il ne pouvait empêcher, et cette conduite lui gagnait tous les cœurs.

Si ce brave chef fût resté, que de calamités n'auraient pas eu lieu !

Pendant six mois que son administration a duré, il a rétabli la confiance, ravivé le commerce; les marchés ont été pourvus avec abondance, les approvisionnemens n'ont jamais manqué. Les déserteurs lui étaient ramenés par les agens de l'Aga. Les voleurs lui étaient livrés et les effets dérobés lui étaient renvoyés; jamais à aucune époque on n'a joui de plus de tranquillité.

On a su enfin que M. le général Berthezène avait envoyé au ministère un plan propre à faire cesser ces abus, et qu'il avait demandé l'autorisation de pouvoir renvoyer et remplacer les mauvais sujets qu'il avait trouvés en place. Si le ministre l'eût écouté, Alger ne serait pas tombé dans l'état de misère où on le voit en ce moment.

La nomination du duc de Rovigo, pour remplacer le général Berthezène, répandit la plus grande consternation dans la Haute-Afrique. Personne ne connaissait les antécédens de cet homme, et cependant tout le monde trembla, tant il est vrai qu'il est dans l'homme quelque chose qui l'avertit qu'il est menacé d'un grand malheur. Ce qui rassura un peu le peuple, c'est que l'on sut en même temps qu'un chef civil était nommé et avait des pouvoirs égaux à ceux du gouverneur militaire.

On assura que l'intendant, qui devenait en quelque sorte le protecteur des intérêts publics, résisterait à celui-ci. Effectivement, ils furent désunis dès les premiers momens. M. Pichon voulait gouverner avec équité; le duc de Rovigo, au contraire, voulait que tout fût violent, et entendait gouverner en despote.

Dans cette lutte du juste contre l'injuste, ce fut l'intendant qui succomba. Rovigo resta maître absolu, et put agir sans contrôle.

Cet homme s'est permis, dans ce pays-ci, les actes les plus odieux. Jamais dey n'avait poussé aussi loin la tyrannie; il a plongé la colonie dans le deuil et dans le désespoir.

Si le ministre de la guerre, qui a concentré l'administration d'Alger sous sa juridiction, connaissait bien l'état affreux auquel Alger est réduit, il s'empresserait d'y envoyer un général honnête homme et ami de l'humanité, pour cicatriser les plaies de la colonisation, et un général qui veuille gouverner par les lois françaises que nous désirons tous. Si l'on s'écarte encore long-temps des voies de la justice, jamais on ne réussira à rien de bon, on dépensera beaucoup d'argent pour nous faire beaucoup de mal.

Si le gouvernement veut le bien d'Alger, il doit s'y faire représenter par des agens dignes de la France; par des hommes tels que les généraux Berthezène, Danremont, Brossard; par des administrateurs civils qui puissent inspirer de la confiance, et qui s'attachent surtout à proclamer l'empire des lois et à les faire aimer et respecter. Ceux-ci auront aussi l'estime et l'amitié des indigènes, qui savent maintenant aussi bien que qui que ce soit, que les hommes ne peuvent être heureux que sous des lois qui protégent leurs biens, leur vie, leur famille, leur commerce et leur industrie, et ils savent de plus que les lois de la France sont les meilleures.

Il y a certitude qu'avec des chefs semblables et une administration offrant ces garanties qu'on nous avait promises au débarquement, et avec la participation des notables du pays qui se sont franchement dévoués à la France et se sont si fortement compromis pour elle ; qu'avec une bonne politique enfin on parviendra à pacifier et à civiliser les États de la ci-devant Régence, avec moins de troupes, moins de peines et moins de frais qu'on ne le suppose.

Si le gouvernement français veut sincèrement le bien-être des habitans d'Alger et de toute la ci-devant Régence, et le bien même des Français et des Européens qui sont venus se fixer chez nous, enfin servir ses propres intérêts, il profitera des présentes observations ; elles sont exposées sans exagération et sans animosité ; la plus grande impartialité a présidé à leur rédaction.

Nos signatures seront apposées à ces écrits quand nous serons sûrs de ne pas courir les chances des vengeances des despotes qu'on nous a envoyés. Aujourd'hui, nous devons user de la même prudence qui nous a guidés dans la pétition que nous avons adressée à la Chambre des députés. Comment ne craindrions-nous pas, quand nous avons vu nos compatriotes indignement poursuivis, pour avoir proféré des plaintes légitimes ? quand nous avons vu dernièrement un Français jeté en prison et embarqué de force, pour avoir manifesté l'intention d'aller en France porter les plaintes de tous les habitans européens qui se trouvent ici tourmentés par une administration perverse?

Si le gouvernement veut savoir bien exactement la vérité et connaître ceux qui la disent, qu'il donne des garanties à ceux-ci, qu'il les assure contre les persécutions : tous se montreront et se feront honneur d'avoir favorisé chez eux un gouvernement qui, en respectant les opinions religieuses, laissant chacun entièrement libre de sa conscience, lui aura donné plus de liberté; car nous savons aussi comprendre ce que c'est que la liberté, et nos frères des montagnes savent la connaître comme nous, puisque c'est pour la conserver, comme ils la comprennent, qu'ils se sont toujours défendus contre la domination turque. Pourquoi maintenant resteraient-ils toujours ennemis des Français si, avec cette liberté qu'ils veulent et pour laquelle ils se privent de tous les biens et les jouissances de la vie, ils peuvent tirer de leurs produits des sommes qu'ils ne pouvaient point espérer avant l'occupation française et qui augmenteront si rapidement leur fortune; car, il ne faut pas s'y tromper, tous les peuples de la Régence sont très-avares, et toute la politique de la France doit tendre à satisfaire leurs intérêts.

Pétition des principaux habitans d'Alger ; traduite de l'arabe, à Messieurs les membres de la Chambre des députés.

Messieurs,

Nous prenons la liberté de vous exposer notre malheureuse et désespérante situation. C'est une plainte formelle que nous adressons à votre loyale justice pour être délivrés de nos tyrans et de nos malheurs.

A l'arrivée de l'armée française devant Alger, nous avons reçu plusieurs proclamations qui sont conçues dans les termes les plus avantageux pour les habitans. Nous avons cru que nous serions très-heureux sous la domination française. Nous avons refusé de marcher contre l'armée française. Nous avons obtenu une capitulation honorable, avec la ferme conviction que la France ne consentirait jamais à violer ce qu'elle promettait.

Nous avons été bien trompés et dupés. Il y a trois ans que nous supportons toutes les injustices imaginables : jamais peuple n'eut à souffrir une telle tyrannie. Nous avons porté des plaintes devant M. le ministre de la guerre, sans qu'il ait jamais donné d'ordre pour nous satisfaire ; au contraire, chaque fois que nous avons élevé des plaintes, on a exercé de nouvelles cruautés envers nous, et surtout contre ceux qui les ont signées. C'est pour cette raison que personne n'ose plus se mettre en avant, et que la présente ne portera aucune signature (1).

Nous vous prions, Messieurs, au nom de l'humanité, de nous délivrer de cette tyrannie et de cet esclavage. Voici deux moyens de le faire qui dépendent de votre suffrage et de votre sagesse : l'un, d'ordonner, le plus tôt possible, que notre pays devienne un département de la France ; l'autre que nous ayons un gouvernement civil ; car si on veut conserver le pays avec le régime militaire, on ne fera jamais rien de bon. Nous pouvons assurer qu'on ne

---

(1) Il est certain que les habitans d'Alger n'ont point entendu par là que M. le ministre de la guerre ait ordonné des persécutions à leur égard ; mais que les actes dont ils se sont plaints, n'ayant point été punis, leurs plaintes n'avaient servi qu'à les faire persécuter davantage.

réussira pas. Alors il vaudrait mieux ordonner l'abandon du pays, en faisant des conditions avantageuses pour la France, et en même temps en garantissant le sort des habitans qui se sont déclarés pour la cause française.

Nous vous avertissons, Messieurs, que ceux qui ont dit que nous sommes des barbares, que nous n'avons ni foi ni loi, vous ont trompés; ce sont leur mauvaise conduite, leur injustice, leur despotisme, et la violation de leurs engagemens, qui rendent féroces les êtres les plus dociles.

Ayez pitié d'un peuple malheureux dont le sort est en vos mains. Délivrez-nous des vexations et des tourmens qui nous accablent, vous pourrez croire à notre reconnaissance.

LES PRINCIPAUX HABITANS D'ALGER.

Alger, le 30 mai 1833.

www.ingramcontent.com/pod-product-compliance
Lightning Source LLC
Chambersburg PA
CBHW071442030726
47594CB00006B/2784